ERFOLGREICHES VORSTELLUNGSGESPRÄCH

Sylvain MILON

INHALT

EINFÜHRUNG

Willkommen bei "Erfolgreiche Vorstellungsgespräche"! Dieses Buch wurde speziell entwickelt, um Ihnen zu helfen, sich erfolgreich durch den Prozess der Stellenauswahl zu navigieren und Ihre Vorstellungsgespräche erfolgreich zu gestalten. Ob Sie als Hochschulabsolvent auf der Suche nach Ihrem ersten Job oder als erfahrener Berufstätiger auf der Suche nach einer neuen Chance sind, die in diesem Buch vorgestellten Tipps und Strategien werden Ihnen helfen, sich von der Masse abzuheben und Ihren Traumjob zu bekommen.

In einem wettbewerbsorientierten Arbeitsmarkt ist es von entscheidender Bedeutung, sich angemessen auf ein Vorstellungsgespräch vorzubereiten. Vorbereitung ist der Schlüssel zum Erfolg, und dieses Buch wird Sie durch jeden Schritt des Prozesses führen. Wir beginnen mit der Bedeutung der Vorbereitung und geben Ihnen praktische Tipps, wie Sie einen aussagekräftigen Lebenslauf erstellen und ein überzeugendes Bewerbungsschreiben verfassen können.

Anschließend gehen wir auf die verschiedenen Phasen eines Vorstellungsgesprächs ein und erklären Ihnen, wie Sie den Auswahlprozess verstehen, häufig gestellte Fragen beantworten und Techniken für verhaltensorientierte Gespräche beherrschen. Sie werden auch lernen, wie man mit Stress und Angst während des Vorstellungsgesprächs umgeht und wie wichtig

Körpersprache und eine effektive Kommunikation sind.

Wir geben Ihnen praktische Tipps zur Gehaltsverhandlung und zu Vergünstigungen sowie Hinweise zur Vermeidung häufiger Fehler, die Sie eine Arbeitsmöglichkeit kosten könnten. Außerdem zeigen wir Ihnen, wie Sie sich von anderen Bewerbern abheben und soziale Netzwerke strategisch für Ihre Jobsuche nutzen können.

Schließlich werden wir uns mit Telefon- und Online-Interviews befassen, die heutzutage immer häufiger vorkommen. Sie erfahren, wie Sie diese Arten von Gesprächen am besten meistern und wie Sie nach dem Gespräch professionell nachfassen können, um Ihre Chancen auf die Stelle zu maximieren.

KAPITEL 1: DIE BEDEUTUNG DER VORBEREITUNG

Die Vorbereitung ist einer der wichtigsten Schlüssel zu einem erfolgreichen Vorstellungsgespräch. Viele Bewerber unterschätzen ihre Bedeutung und denken, dass sie sich auf ihre Fähigkeiten und Erfahrungen verlassen können, um im Vorstellungsgespräch zu glänzen. Eine angemessene Vorbereitung ist jedoch das, was durchschnittliche von außergewöhnlichen Bewerbern unterscheidet.

Zunächst einmal hilft Ihnen die Vorbereitung, das Unternehmen und die Stelle, für die Sie sich bewerben, besser zu verstehen. Recherchieren Sie gründlich über das Unternehmen, seine Branche, seine Unternehmenskultur und seine Werte. Informieren Sie sich über die jüngsten Projekte, Kunden und Konkurrenten des Unternehmens. Dieses umfassende Wissen wird Ihnen helfen, im Vorstellungsgespräch relevante Antworten zu formulieren und Ihr Interesse an dem Unternehmen zu zeigen.

Zweitens können Sie sich bei der Vorbereitung mit den für die Stelle erforderlichen Kompetenzen und Qualifikationen vertraut machen. Analysieren Sie die Stellenanzeige sorgfältig und identifizieren Sie die Schlüsselkompetenzen, die der Arbeitgeber sucht. Überprüfen Sie dann Ihre eigenen Erfahrungen und Fähigkeiten und bereiten Sie konkrete Beispiele für Situationen vor, in denen Sie diese Fähigkeiten unter Beweis gestellt haben. So können Sie Fragen zu Ihren Qualifikationen präzise beantworten und den Arbeitgeber davon überzeugen, dass Sie der ideale Kandidat für die Stelle sind.

Zur Vorbereitung gehört auch die Vorbereitung von Antworten auf Fragen, die bei Vorstellungsgesprächen häufig gestellt werden. Es gibt einige Fragen, die häufig gestellt werden, z. B. "Erzählen Sie mir etwas über sich", "Was sind Ihre Stärken und Schwächen?", "Warum möchten Sie in unserem Unternehmen arbeiten?". Überlegen Sie sich diese Fragen im Voraus und bereiten Sie klare und prägnante Antworten vor. Wenn Sie sich darin üben, sie zu formulieren, werden Sie sich im Vorstellungsgespräch wohler fühlen und unklare oder unzusammenhängende Antworten vermeiden.

Ein weiterer wichtiger Aspekt der Vorbereitung ist das Üben von Vorstellungsgesprächen. Üben Sie die Beantwortung von Fragen mit einem Freund oder einem Familienmitglied. Führen Sie simulierte Vorstellungsgespräche durch, um sich mit dem Verfahren vertraut zu machen und sich daran zu gewöhnen, über Ihre Leistungen und Fähigkeiten zu sprechen. Bitten Sie Ihren Spielpartner um konstruktives Feedback zu Ihrer Körpersprache, Ihrem Tonfall und Ihrer Fähigkeit, Ihre Ideen klar und überzeugend zu vermitteln.

Vergessen Sie schließlich nicht, Ihre Fragen an den Arbeitgeber vorzubereiten. Am Ende des Vorstellungsgesprächs ist es üblich, dass der Arbeitgeber Sie fragt, ob Sie noch Fragen haben. Dies ist eine Gelegenheit für Sie, Ihr Interesse und Ihre Neugier an dem Unternehmen und der Stelle zu zeigen. Bereiten Sie einige relevante Fragen über das Unternehmen, die Abteilung, in der Sie arbeiten werden, die Wachstumsmöglichkeiten usw. vor. Zusammenfassend lässt sich sagen, dass die Vorbereitung ein Schlüsselelement für Erfolgreiche Vorstellungsgespräche ist.

Sie ermöglicht es Ihnen, das Unternehmen besser zu verstehen, sich mit den erforderlichen Fähigkeiten vertraut zu machen, Ihre Antworten vorzubereiten und im Voraus zu üben. Wenn Sie Zeit und Energie in Ihre Vorbereitung investieren, erhöhen Sie Ihre Chancen, die Stelle zu bekommen, erheblich. Denken Sie daran: Eine gründliche Vorbereitung ist der erste Schritt zum beruflichen Erfolg.

Ob Sie ein Anfänger oder ein erfahrener Profi sind, "Erfolgreich bewerben" wird Ihnen die Werkzeuge an die Hand geben

KAPITEL 2: DEN AUSWAHLPROZESS VERSTEHEN

Der Auswahlprozess bei einem Vorstellungsgespräch kann von Unternehmen zu Unternehmen unterschiedlich sein, aber es gibt in der Regel gemeinsame Schritte, die die meisten Arbeitgeber befolgen. Wenn Sie diesen Auswahlprozess verstehen, können Sie sich besser vorbereiten und jeden Schritt mit Zuversicht angehen. In diesem Kapitel gehen wir auf die einzelnen Schritte des Auswahlverfahrens ein und geben Ihnen Tipps, wie Sie jeden Schritt erfolgreich absolvieren können.

1. Vorauswahl: In vielen Unternehmen besteht der erste Schritt des Auswahlverfahrens in einer Vorauswahl der Bewerbungen. Die Arbeitgeber prüfen die Lebensläufe und Bewerbungsschreiben, um die relevantesten Bewerber zu ermitteln. Um diese Phase zu überstehen, sollten Sie darauf achten, dass Ihr Lebenslauf klar, prägnant und für die Stelle geeignet ist. Heben Sie Ihre relevantesten Erfahrungen und Fähigkeiten hervor, um die Aufmerksamkeit der Personalverantwortlichen auf sich zu ziehen.

2. Das erste Vorstellungsgespräch: Sobald Sie in die engere Auswahl gekommen sind, werden Sie in der Regel zu

einem ersten Vorstellungsgespräch eingeladen. Dies kann ein Telefoninterview, ein persönliches Interview oder ein Online-Interview sein. Ziel dieser Phase ist es, Sie als Bewerber besser kennenzulernen. Bereiten Sie sich vor, indem Sie häufig gestellte Fragen beantworten, Ihre Motivation unter Beweis stellen und professionell auftreten. Seien Sie darauf vorbereitet, Ihren beruflichen Werdegang zu erläutern und Ihre bisherigen Leistungen hervorzuheben.

3. Beurteilungen: Einige Arbeitgeber setzen Beurteilungen ein, um die Fähigkeiten der Bewerber zu bewerten. Dazu können Persönlichkeitstests, Tests der technischen Fähigkeiten, Situationsaufgaben oder Fallstudien gehören. Informieren Sie sich im Voraus über die Arten von Assessments, die das Unternehmen verwendet, und bereiten Sie sich entsprechend vor. Üben Sie die Tests und machen Sie sich mit den bewerteten Fähigkeiten und Kenntnissen vertraut.

4. Nachfolgende Interviews: Wenn Sie das erste Interview erfolgreich absolviert haben, werden Sie möglicherweise zu weiteren Interviews eingeladen. An diesen Gesprächen können Personalverantwortliche, Teammanager oder Führungskräfte des Unternehmens beteiligt sein. Jedes Gespräch wird seine eigenen Ziele verfolgen, daher ist es wichtig, die Rolle jeder Person, mit der Sie sich treffen, zu verstehen und Ihre Rede entsprechend anzupassen. Zeigen Sie Ihr Interesse an dem Unternehmen, stellen Sie relevante Fragen und zeigen Sie, wie Sie zum Erfolg des Unternehmens beitragen könnten.

5. Überprüfungen von Referenzen: Bevor Arbeitgeber eine endgültige Entscheidung treffen, können sie Überprüfungen von Referenzen durchführen. Stellen Sie sicher, dass Sie Arbeitszeugnisse haben, die bereit sind, mit anderen geteilt zu werden. Kontaktieren Sie Ihre früheren Arbeitgeber oder

Kollegen, um deren Einverständnis einzuholen, und informieren Sie sie über die Stellen, auf die Sie sich beworben haben. Achten Sie darauf, dass Sie Referenzen vorlegen, die Ihre für die Stelle relevanten Erfahrungen und Fähigkeiten belegen können.

6. Das Stellenangebot: Wenn Sie alle vorherigen Schritte erfolgreich abgeschlossen haben, könnte Ihnen ein Stellenangebot unterbreitet werden. Nehmen Sie sich die Zeit, das Angebot sorgfältig zu prüfen und gegebenenfalls die Bedingungen auszuhandeln. Vergewissern Sie sich, dass Sie die Verantwortlichkeiten der Stelle, die Bezahlung, die Leistungen und die Arbeitsbedingungen verstehen, bevor Sie das Angebot annehmen.

Das Verständnis des Auswahlverfahrens ist entscheidend, um sich angemessen vorzubereiten und Ihre Erfolgschancen zu maximieren. Wenn Sie sich mit jedem Schritt vertraut machen und sich entsprechend vorbereiten, können Sie Ihren Wert unter Beweis stellen und die Arbeitgeber davon überzeugen, dass Sie der richtige Kandidat für die Stelle sind. Denken Sie daran, dass jeder Schritt eine Gelegenheit ist, zu glänzen und zu zeigen, was Sie dem Unternehmen bringen können.

KAPITEL 3: EINEN AUSSAGEKRÄFTIGEN LEBENSLAUF ERSTELLEN

Der Lebenslauf ist eines der Schlüsselelemente Ihrer Bewerbung und spielt eine entscheidende Rolle im Auswahlprozess. Ein gut aufgebauter und aussagekräftiger Lebenslauf kann Ihnen dabei helfen, sich unter den vielen Bewerbern abzuheben. In diesem Kapitel werden wir die wichtigsten Elemente eines erfolgreichen Lebenslaufs erkunden und Ihnen Tipps geben, wie Sie einen Lebenslauf erstellen können, der die Aufmerksamkeit der Personalverantwortlichen auf sich zieht.

1. Klares und professionelles Format: Wählen Sie ein klares und professionelles Format für Ihren Lebenslauf. Verwenden Sie Überschriften, separate Abschnitte und ein ausgewogenes Layout. Achten Sie darauf, dass die Informationen gut gegliedert und leicht lesbar sind. Verwenden Sie eine professionelle Schriftart und achten Sie darauf, dass die Schriftgröße angemessen ist.

2. Persönliche Informationen: Beginnen Sie Ihren Lebenslauf mit Ihren persönlichen Informationen. Dazu gehören Ihr

vollständiger Name, Ihre Adresse, Ihre Telefonnummer und Ihre E-Mail-Adresse. Achten Sie darauf, dass diese Informationen aktuell und professionell sind.

3. Berufsziel: Je nach Ihren persönlichen Informationen können Sie ein Berufsziel einfügen. Dieses Ziel sollte kurz und spezifisch sein. Es sollte Ihr Interesse an der Stelle verdeutlichen und Ihre wichtigsten Fähigkeiten und Karriereziele hervorheben.

4. Berufserfahrung: Der Abschnitt Berufserfahrung ist einer der wichtigsten Teile Ihres Lebenslaufs. Beginnen Sie mit Ihrer jüngsten Erfahrung und gehen Sie in der Zeit zurück. Fügen Sie den Namen des Unternehmens, Ihre Beschäftigungsdaten, Ihren Jobtitel und eine Beschreibung Ihrer wichtigsten Verantwortlichkeiten und Leistungen hinzu. Legen Sie den Schwerpunkt auf die Ergebnisse, die Sie erzielt haben, und die Fähigkeiten, die Sie entwickelt haben.

5. Akademische Ausbildung: Nehmen Sie nach dem Abschnitt Berufserfahrung einen Abschnitt über Ihre akademische Ausbildung auf. Erwähnen Sie die Abschlüsse, die Sie erworben haben, die Institutionen, die Sie besucht haben, und die Jahre, in denen Sie sie erworben haben. Wenn Sie relevante akademische Auszeichnungen haben, fügen Sie diese bitte hinzu.

6. Kompetenzen: Ein Abschnitt über Ihre Kompetenzen ist wichtig, um Ihre Stärken und Qualifikationen hervorzuheben. Unterteilen Sie diesen Abschnitt in fachliche und überfachliche Kompetenzen. Schließen Sie spezifische Fähigkeiten ein, die sich auf die Stelle beziehen, für die Sie sich bewerben, sowie allgemeine Fähigkeiten wie Problemlösung, Zeitmanagement und Kommunikation.

7. Errungenschaften und Projekte: Wenn Sie bemerkenswerte Errungenschaften oder Projekte haben, vergessen Sie nicht, diese in einem eigenen Abschnitt aufzuführen. Dies können berufliche Leistungen, akademische Projekte oder bedeutende Beiträge in relevanten Bereichen sein.

8. Sprachen und Computerkenntnisse: Wenn Sie mehrere Sprachen sprechen oder über spezielle Computerkenntnisse verfügen, sollten Sie diese unbedingt in Ihrem Lebenslauf erwähnen. Dies kann ein wichtiger Pluspunkt sein, insbesondere wenn die Sprach- oder Computerkenntnisse für die Stelle relevant sind.

9. Referenzen: Schließlich können Sie einen Abschnitt über Referenzen einfügen. Geben Sie an, dass Referenzen auf Anfrage erhältlich sind. Achten Sie darauf, dass Sie solide berufliche Referenzen haben, die bereit sind, bei Bedarf weitergegeben zu werden.

Denken Sie beim Erstellen Ihres Lebenslaufs daran, jeden Lebenslauf an die Stelle und das Unternehmen, bei dem Sie sich bewerben, anzupassen. Passen Sie Ihren Inhalt und Ihre Fähigkeiten an, um den spezifischen Anforderungen jedes Arbeitgebers gerecht zu werden. Lesen Sie Ihren Lebenslauf sorgfältig durch, um Rechtschreib- und Grammatikfehler zu beseitigen, und achten Sie darauf, dass er klar und prägnant ist.

Ein aussagekräftiger Lebenslauf ist ein wertvoller Trumpf bei Ihrer Arbeitssuche. Indem Sie einen gut strukturierten Lebenslauf aufbauen und Ihre relevanten Erfahrungen und Fähigkeiten hervorheben, erhöhen Sie Ihre Chancen, die Aufmerksamkeit der Personalverantwortlichen auf sich zu ziehen und ein Vorstellungsgespräch zu bekommen.

KAPITEL 4: EIN ÜBERZEUGENDES BEWERBUNGSSCHREIB EN VERFASSEN

Das Anschreiben ist ein wesentlicher Bestandteil Ihrer Bewerbung. Es ist Ihre Chance, die Personalverantwortlichen davon zu überzeugen, dass Sie der ideale Kandidat für die Stelle sind. In diesem Kapitel werden wir die Schlüsselelemente eines überzeugenden Anschreibens erkunden und Ihnen Tipps geben, wie Sie ein Anschreiben verfassen, das die Aufmerksamkeit der Arbeitgeber auf sich ziehen wird.

1.   Professioneller   Briefkopf: Beginnen   Sie   Ihr Bewerbungsschreiben mit einem professionellen Briefkopf. Fügen Sie Ihren Namen, Ihre Adresse, Ihre Telefonnummer und Ihre E-Mail-Adresse ein. Richten Sie diese Informationen auf der rechten Seite der Seite aus.

2. Empfänger und Datum: Unter Ihrem Briefkopf geben Sie den Namen des Unternehmens, den Namen des Personalvermittlers oder des Personalverantwortlichen und die Anschrift des Unternehmens an. Direkt darunter geben Sie das Datum an, an

dem Sie das Schreiben verfassen.

3. Angemessene Anrede: Verwenden Sie eine angemessene Anrede, z. B. "Sehr geehrte Frau" oder "Sehr geehrter Herr", gefolgt vom Namen des Personalvermittlers oder Personalverantwortlichen. Wenn Sie den Namen des Empfängers nicht kennen, können Sie "Sehr geehrte(r) Personalvermittler(in)" oder "Sehr geehrte(r) Personalverantwortliche(r)" verwenden.

4. Schlagkräftige Einleitung : Beginnen Sie Ihr Bewerbungsschreiben mit einer aussagekräftigen Einleitung, die die Aufmerksamkeit des Lesers auf sich zieht. Bringen Sie bereits in den ersten Zeilen Ihr Interesse an der Stelle und dem Unternehmen zum Ausdruck. Sie können mit einem Aufhängersatz, einer Anekdote oder einem treffenden Zitat beginnen.

5. Hervorhebung Ihrer Qualifikationen und Erfahrungen: Heben Sie im Hauptteil Ihres Schreibens Ihre Qualifikationen und Erfahrungen hervor, die für die Stelle, auf die Sie sich bewerben, relevant sind. Stellen Sie eine Verbindung zwischen Ihren Qualifikationen und den Anforderungen der Stelle her. Verwenden Sie konkrete Beispiele, um Ihre bisherigen Leistungen und die Fähigkeiten, die Sie in das Unternehmen einbringen können, zu veranschaulichen.

6. Personalisierung: Gestalten Sie Ihr Anschreiben für jedes Unternehmen individuell. Recherchieren Sie das Unternehmen und ermitteln Sie seine Bedürfnisse, Werte und Ziele. Nutzen Sie diese Informationen, um zu zeigen, wie Sie zur Erreichung dieser Ziele beitragen und sich in die Unternehmenskultur einfügen können.

7. Motivation und Interesse: Zeigen Sie Ihre Motivation und Ihr Interesse an der Stelle und dem Unternehmen. Erklären Sie, warum Sie sich für die Arbeit in diesem speziellen Unternehmen begeistern und wie Sie zu seinem Erfolg beitragen können. Zeigen Sie in Ihrem Schreiben Leidenschaft und Entschlossenheit.

8. Klarheit und Prägnanz: Verfassen Sie Ihren Brief klar und prägnant. Vermeiden Sie lange Sätze und zu dichte Absätze. Verwenden Sie einfache Sätze und vermeiden Sie Fachjargon. Achten Sie darauf, dass Ihre Ideen gut gegliedert und leicht nachvollziehbar sind.

9. Beeindruckender Schluss : Beenden Sie Ihr Bewerbungsschreiben mit einem eindrucksvollen Schluss. Bekräftigen Sie Ihr Interesse an der Stelle und Ihre Bereitschaft zu einem Vorstellungsgespräch. Danken Sie dem Empfänger dafür, dass er sich die Zeit genommen hat, Ihr Schreiben zu lesen, und geben Sie Ihre Kontaktdaten für eine eventuelle Nachfassaktion an.

10. Unterschrift: Beenden Sie Ihr Bewerbungsschreiben mit einer Höflichkeitsformel wie "Mit freundlichen Grüßen, Frau/Herr". Fügen Sie Ihren Namen und Ihre handschriftliche Unterschrift ein.

Wenn Sie Ihr Bewerbungsschreiben verfassen, sollten Sie es unbedingt noch einmal gründlich durchlesen, um Rechtschreib- und Grammatikfehler auszumerzen. Achten Sie auch darauf, dass das Schreiben gut formatiert ist und den beruflichen Erwartungen entspricht.

Ein überzeugendes Anschreiben kann im Auswahlprozess

den Unterschied ausmachen. Indem Sie Ihre Fähigkeiten, Ihre Motivation und Ihr Interesse an dem Unternehmen hervorheben, erhöhen Sie Ihre Chancen, die Aufmerksamkeit der Personalverantwortlichen auf sich zu ziehen und ein Vorstellungsgespräch zu bekommen.

KAPITEL 5: VORBEREITUNG AUF HÄUFIG GESTELLTE FRAGEN

Bei einem Vorstellungsgespräch stellen Personalverantwortliche häufig Fragen, um Ihre Fähigkeiten, Ihre Erfahrung und Ihre Eignung für die Stelle zu beurteilen. Sich auf diese Fragen vorzubereiten ist entscheidend, um sie klar, prägnant und überzeugend beantworten zu können. In diesem Kapitel werden wir einige der am häufigsten gestellten Fragen in Vorstellungsgesprächen betrachten und Ihnen Tipps geben, wie Sie sich auf eine effektive Antwort vorbereiten können.

1. Erzählen Sie etwas über sich selbst: Diese Frage wird häufig gestellt, um Ihnen die Gelegenheit zu geben, sich kurz vorzustellen. Bereiten Sie eine prägnante Antwort vor, die Ihre Qualifikationen, Erfahrungen und Karriereziele hervorhebt. Legen Sie den Schwerpunkt auf die Elemente, die für die Stelle, auf die Sie sich bewerben, am relevantesten sind.

2. Warum möchten Sie in unserem Unternehmen arbeiten? : Diese Frage soll Ihr Interesse am Unternehmen und Ihre

Kenntnisse über das Unternehmen bewerten. Recherchieren Sie vor dem Vorstellungsgespräch gründlich über das Unternehmen und ermitteln Sie seine Werte, seine Kultur und seine Errungenschaften. Heben Sie die Aspekte hervor, die Sie ansprechen, und erklären Sie, wie Ihr Profil mit dem übereinstimmt, was das Unternehmen sucht.

3. Was sind Ihre Stärken und Schwächen? : Wenn Sie auf Ihre Stärken eingehen, heben Sie Ihre Schlüsselkompetenzen und Ihre bisherigen Leistungen hervor. Seien Sie präzise und führen Sie konkrete Beispiele an, um Ihre Aussagen zu veranschaulichen. Bei Ihren Schwächen nennen Sie ein oder zwei, die für die Stelle nicht kritisch sind, und erläutern Sie die Maßnahmen, die Sie zur Verbesserung dieser Schwächen ergreifen.

4. Wo sehen Sie sich in fünf Jahren? : Diese Frage bewertet Ihre langfristige Vision und Ihre beruflichen Ambitionen. Seien Sie bei Ihren Antworten realistisch und heben Sie Ihren Wunsch hervor, sich weiterzuentwickeln und neue Herausforderungen anzunehmen. Vermeiden Sie zu allgemeine Antworten und versuchen Sie, Ihre Vision mit dem Unternehmen und der Stelle, für die Sie sich bewerben, in Verbindung zu bringen.

5. Wie gehen Sie mit Stress und schwierigen Situationen um? : Arbeitgeber suchen nach Bewerbern, die mit Stress und schwierigen Situationen ruhig und effizient umgehen können. Bereiten Sie konkrete Beispiele für stressige Situationen vor, die Sie in der Vergangenheit erlebt haben, und erläutern Sie, wie Sie damit umgegangen sind. Heben Sie Ihre Fähigkeiten in den Bereichen Zeitmanagement, Problemlösung und Kommunikation hervor.

6. Erzählen Sie von einem Projekt oder einer Leistung, auf die Sie stolz sind : Wählen Sie eine Leistung oder ein Projekt aus,

das für die Stelle relevant ist, und erläutern Sie die Einzelheiten. Legen Sie den Schwerpunkt auf die Herausforderungen, denen Sie begegnet sind, die Schritte, die Sie unternommen haben, um sie zu bewältigen, und die Ergebnisse, die Sie erzielt haben. Zeigen Sie, wie diese Erfahrung Ihre Fähigkeit belegt, Ziele zu erreichen und dem Unternehmen einen Wert zu verschaffen.

7. Wie gut arbeiten Sie in einem Team? : Diese Frage zielt darauf ab, Ihre Fähigkeit zur Zusammenarbeit mit anderen Personen zu beurteilen. Bereiten Sie Beispiele für Projekte oder Situationen vor, in denen Sie effektiv im Team gearbeitet haben. Heben Sie Ihre Kommunikationsfähigkeiten, Ihre Fähigkeit, anderen zuzuhören, Ihre Flexibilität und Ihr Engagement für gemeinsame Ziele hervor.

8. Warum haben Sie Ihre letzte Stelle aufgegeben? : Wenn Sie eine frühere Stelle aufgegeben haben, sollten Sie in Ihrer Antwort ehrlich und positiv sein. Vermeiden Sie es, Ihren früheren Arbeitgeber zu kritisieren, und konzentrieren Sie sich auf die beruflichen Gründe, die Sie dazu veranlasst haben, nach neuen Möglichkeiten zu suchen. Konzentrieren Sie sich darauf, was Sie aus dieser Erfahrung gelernt haben und welche Fähigkeiten Sie sich angeeignet haben.

9. Haben Sie noch Fragen an uns? : Am Ende des Gesprächs wird Ihnen normalerweise die Gelegenheit gegeben, Ihre eigenen Fragen zu stellen. Bereiten Sie eine Liste mit relevanten Fragen zum Unternehmen, zur Stelle, zur Unternehmenskultur oder zu Entwicklungsmöglichkeiten vor. Dies wird Ihr Interesse an dem Unternehmen und Ihren Wunsch, mehr zu erfahren, unter Beweis stellen.

Wenn Sie sich auf die Beantwortung dieser Fragen vorbereiten, nehmen Sie sich die Zeit, über Ihre Antworten nachzudenken, und üben Sie sie laut aus. Achten Sie darauf, dass Sie klar und prägnant antworten und konkrete Beispiele verwenden, um Ihre Aussagen zu veranschaulichen. Denken Sie daran, dass es darum geht, zu zeigen, wie Ihre Fähigkeiten, Erfahrungen und Ihre Persönlichkeit zu den Anforderungen des Unternehmens und der Stelle passen.

KAPITEL 6: GUTE KOMMUNIKATIONSFÄHIGKEITEN ENTWICKELN

Kommunikationsfähigkeiten sind in allen Bereichen des Berufslebens von entscheidender Bedeutung, auch bei Vorstellungsgesprächen. Eine gute Kommunikation ermöglicht es Ihnen, Ihre Ideen klar auszudrücken, sich mit anderen zu verbinden und Ihre Botschaft effektiv zu vermitteln. In diesem Kapitel erkunden wir, wie wichtig Kommunikationsfähigkeiten bei einem Vorstellungsgespräch sind, und geben Ihnen Tipps, wie Sie sie entwickeln können.

1. Aktives Zuhören: Eine gute Kommunikation beginnt mit aktivem Zuhören. Wenn Sie in einem Vorstellungsgespräch sind, hören Sie den Fragen, die Ihnen gestellt werden, aufmerksam zu und vergewissern Sie sich, dass Sie verstehen, was gefragt wird. Nehmen Sie sich Zeit zum Nachdenken, bevor Sie antworten, und seien Sie offen für Kommentare und Vorschläge. Wenn Sie aufmerksam zuhören, werden Sie in der Lage sein, relevante und passende Antworten zu formulieren.

2. Klarheit und Prägnanz: Wenn Sie auf Fragen antworten, sollten Sie sich klar und prägnant ausdrücken. Vermeiden Sie lange und komplexe Sätze, die Ihre Botschaft verwirren könnten. Verwenden Sie eine einfache und direkte Sprache, um Ihre Ideen effektiv zu vermitteln. Ordnen Sie Ihre Ideen logisch an und verwenden Sie konkrete Beispiele, um Ihre Aussagen zu veranschaulichen.

3. Nonverbale Sprache: Die nonverbale Sprache spielt eine wichtige Rolle in der Kommunikation. Achten Sie während des Vorstellungsgesprächs auf Ihre Körpersprache, Ihre Körperhaltung und Ihre Gesichtsausdrücke. Halten Sie Blickkontakt mit den Personalverantwortlichen und zeigen Sie Engagement und Interesse bei Ihren Interaktionen. Eine positive nonverbale Kommunikation verstärkt Ihre Botschaft und vermittelt Vertrauen und Professionalität.

4. Anpassungsfähigkeit: Die Fähigkeit, sich an verschiedene Gesprächspartner anzupassen, ist in der Kommunikation von entscheidender Bedeutung. Jeder Personalverantwortliche kann einen anderen Kommunikationsstil haben, daher ist es wichtig, sich entsprechend anzupassen. Passen Sie Ihren Tonfall, Ihre Sprache und Ihre Detailgenauigkeit an die Person an, mit der Sie sprechen. Achten Sie auf nonverbale Signale und passen Sie Ihre Kommunikation entsprechend an.

5. Konfliktbewältigung: Die Bewältigung von Konflikten ist ein wichtiger Bestandteil der Kommunikationsfähigkeiten. Wenn Sie während des Gesprächs mit einer schwierigen Frage oder einer heiklen Situation konfrontiert werden, bewahren Sie Ruhe und bleiben Sie professionell. Hören Sie sich die Standpunkte der anderen aufmerksam an, drücken Sie sich respektvoll aus und suchen Sie nach konstruktiven Lösungen. Die Fähigkeit, Konflikte

effektiv zu bewältigen, zeigt Ihre Reife und Ihre Fähigkeit zur Teamarbeit.

6. Kommunikationspraxis: Um Ihre Kommunikationsfähigkeiten zu entwickeln, üben Sie regelmäßig. Beteiligen Sie sich an Gesprächen, Debatten oder Präsentationen. Machen Sie Improvisationsübungen, um Ihre Reaktionsfähigkeit und Anpassungsfähigkeit zu verbessern. Nutzen Sie Online-Ressourcen, um die Beantwortung von Interviewfragen zu üben. Je mehr Sie üben, desto mehr Selbstvertrauen und Kommunikationskompetenz werden Sie gewinnen.

7. Feedback und Verbesserung: Holen Sie sich nach dem Gespräch Feedback ein, um Ihre Stärken und Verbesserungsbereiche in Bezug auf Ihre Kommunikationsfähigkeiten zu erfahren. Nutzen Sie dieses Feedback, um sich kontinuierlich zu verbessern und Ihren Kommunikationsstil zu verfeinern. Seien Sie offen für Ratschläge und Vorschläge und nutzen Sie diese, um sich beruflich weiterzuentwickeln.

Wenn Sie gute Kommunikationsfähigkeiten entwickeln, sind Sie in der Lage, Ihre Botschaft klar zu vermitteln, sich mit Personalverantwortlichen zu verbinden und bei Vorstellungsgesprächen einen positiven Eindruck zu hinterlassen. Üben Sie regelmäßig, achten Sie auf nonverbale Signale und passen Sie Ihre Kommunikation an Ihren Gesprächspartner an. Eine effektive Kommunikation ist ein wertvolles Gut für Ihren beruflichen Erfolg.

KAPITEL 7: UMGANG MIT STRESS UND ÄNGSTEN WÄHREND DES VORSTELLUNGSGESPRÄCHS

Vorstellungsgespräche können für viele Bewerber eine stressige und angstbesetzte Situation sein. Stress und Angst können Ihre Leistung und Ihre Fähigkeit, den Personalverantwortlichen Ihre beste Seite zu vermitteln, beeinträchtigen. In diesem Kapitel gehen wir auf die Bedeutung des Umgangs mit Stress und Angst während des Vorstellungsgesprächs ein und geben Ihnen Tipps, wie Sie diese bewältigen können.

1. Verstehen Sie Ihren Stress: Der erste Schritt zur Bewältigung von Stress und Angst während eines Vorstellungsgesprächs besteht darin, die Quellen Ihres Stresses zu verstehen. Ermitteln Sie negative Gedanken, Befürchtungen und Ängste, die zu Ihrer Angst beitragen. Beispielsweise könnten Sie befürchten, Fragen nicht richtig zu beantworten, den Erwartungen nicht gerecht

zu werden oder von den Personalverantwortlichen beurteilt zu werden. Wenn Sie diese Stressquellen identifizieren, können Sie besser mit ihnen umgehen.

2. Bereiten Sie sich angemessen vor: Eine gründliche Vorbereitung ist wichtig, um den mit dem Vorstellungsgespräch verbundenen Stress zu verringern. Je besser Sie vorbereitet sind, desto sicherer werden Sie bei Ihren Antworten sein. Recherchieren Sie über das Unternehmen, die Stelle und die Fragen, die häufig in Vorstellungsgesprächen gestellt werden. Üben Sie die Beantwortung dieser Fragen und bereiten Sie konkrete Beispiele vor, um Ihre Fähigkeiten und Leistungen zu veranschaulichen. Je besser Sie sich vorbereitet fühlen, desto geringer wird Ihr Stress sein.

3. Verwenden Sie Entspannungstechniken: Verwenden Sie vor dem Gespräch Entspannungstechniken, um Ihren Geist und Ihren Körper zu beruhigen. Tiefes Atmen, Meditation, positives Visualisieren oder körperliche Betätigung können Ihnen helfen, Stress und Angst abzubauen. Nehmen Sie sich vor dem Vorstellungsgespräch ein paar Minuten Zeit, um sich zu entspannen und zu fokussieren. Dies wird Ihnen helfen, mit einer ruhigeren und entspannteren Geisteshaltung in das Vorstellungsgespräch zu gehen.

4. Verfolgen Sie eine positive Denkweise: Pflegen Sie vor und während des Gesprächs eine positive Denkweise. Ersetzen Sie negative Gedanken durch positive Affirmationen. Erinnern Sie sich an Ihre Stärken, Fähigkeiten und bisherigen Leistungen. Visualisieren Sie sich, wie Sie das Vorstellungsgespräch erfolgreich absolvieren und die gestellten Fragen selbstbewusst beantworten. Eine positive Denkweise wird Ihnen helfen, motiviert zu bleiben und Stress zu bewältigen.

5. Seien Sie sich Ihrer Körpersprache bewusst: Ihre Körpersprache kann Ihr Stressniveau beeinflussen. Achten Sie während des Gesprächs auf Ihre Körperhaltung, Ihre Atmung und Ihren Gesichtsausdruck. Behalten Sie eine aufrechte Haltung bei, atmen Sie tief ein, um sich zu entspannen, und lächeln Sie auf natürliche Weise. Eine selbstbewusste Körpersprache sendet positive Signale an die Personalverantwortlichen und hilft Ihnen, sich wohler zu fühlen.

6. Bleiben Sie auf die Gegenwart konzentriert: Angst kann oft durch Gedanken an die Zukunft genährt werden. Konzentrieren Sie sich während des Gesprächs auf die Gegenwart und auf die Frage, die Ihnen gestellt wird. Hören Sie aufmerksam zu, nehmen Sie sich Zeit zum Nachdenken, bevor Sie antworten, und vermeiden Sie es, sich über nachfolgende Fragen oder zukünftige Ergebnisse Gedanken zu machen. Wenn Sie sich auf den gegenwärtigen Moment konzentrieren, werden Sie sich wohler fühlen und engagierter in das Gespräch einsteigen.

7. Akzeptieren Sie Unvollkommenheit: Denken Sie daran, dass niemand perfekt ist und dass Personalverantwortliche nicht erwarten, dass Sie alle Fragen perfekt beantworten. Akzeptieren Sie, dass Sie Fehler machen oder einen weißen Fleck haben können. Bleiben Sie ruhig und reagieren Sie selbstbewusst, wenn dies geschieht. Personalverantwortliche schätzen oft die Fähigkeit, mit Unvorhergesehenem professionell umzugehen.

8. Lernen Sie aus jedem Gespräch: Jedes Gespräch ist eine Lernchance, unabhängig vom Ausgang. Nehmen Sie sich nach dem Vorstellungsgespräch Zeit, um über Ihre Leistung nachzudenken, darüber, was funktioniert hat und was verbessert werden könnte. Nutzen Sie diese Informationen, um sich noch besser auf künftige Vorstellungsgespräche vorzubereiten. Jede

Erfahrung wird Sie selbstbewusster und kompetenter im Umgang mit Stress und Angst machen.

Wenn Sie während des Vorstellungsgesprächs mit Stress und Angst umgehen, können Sie sich selbstbewusster präsentieren und Ihr Bestes geben. Eine angemessene Vorbereitung, Entspannungstechniken, eine positive Denkweise und die Beachtung Ihrer Körpersprache werden Ihnen helfen, Stress zu überwinden und sich bei Vorstellungsgesprächen wohler zu fühlen.

KAPITEL 8: BEHERRSCHEN DER TECHNIKEN FÜR VERHALTENSORIENTIE RTE GESPRÄCHE

Verhaltensbezogene Interviews werden in Auswahlverfahren immer häufiger eingesetzt. Diese Interviews konzentrieren sich auf das frühere Verhalten eines Bewerbers, um sein zukünftiges Verhalten in ähnlichen Situationen vorherzusagen. Die Beherrschung der Techniken für verhaltensorientierte Interviews kann Ihnen helfen, präzise und überzeugende Antworten auf Fragen zu geben, die sich auf Fähigkeiten und Verhaltensweisen konzentrieren. In diesem Kapitel werden wir uns mit den Grundsätzen verhaltensorientierter Interviews befassen und Ihnen Tipps geben, wie Sie diese erfolgreich angehen können.

1. Die STAR-Methode verstehen: Die STAR-Methode (Situation, Aufgabe, Aktion, Ergebnis) wird häufig in verhaltensorientierten Interviews verwendet. Sie hilft Ihnen, Ihre Antworten zu strukturieren, indem sie konkrete Beispiele für vergangenes Verhalten liefert. Die Situation beschreibt den Kontext, die Aufgabe stellt die Herausforderung oder das Ziel dar, die Aktion

beschreibt die ergriffenen Maßnahmen und das Ergebnis legt die erzielten Ergebnisse dar.

2. Bereiten Sie konkrete Beispiele vor: Identifizieren Sie vor dem Vorstellungsgespräch konkrete Beispiele für vergangenes Verhalten, die Ihre Fähigkeiten und Erfahrungen hervorheben. Gehen Sie Ihren beruflichen Werdegang durch und identifizieren Sie Situationen, in denen Sie Führungsqualitäten, Problemlösungskompetenz, Teamarbeit oder andere relevante Fähigkeiten bewiesen haben. Bereiten Sie sich darauf vor, diese Beispiele mithilfe der STAR-Methode zu beschreiben.

3. Seien Sie spezifisch: Wenn Sie auf Verhaltensfragen antworten, seien Sie spezifisch in Ihren Antworten. Geben Sie konkrete Details zu den Situationen, den von Ihnen ergriffenen Maßnahmen und den erzielten Ergebnissen an. Vermeiden Sie vage oder verallgemeinernde Antworten. Je spezifischer Sie sind, desto überzeugender wirken Sie auf die Personalverantwortlichen.

4. Heben Sie Ihre Schlüsselkompetenzen hervor : Verhaltensgespräche sind eine gute Gelegenheit, Ihre Schlüsselkompetenzen hervorzuheben. Stellen Sie fest, welche Fähigkeiten für die Stelle am wichtigsten sind, und bereiten Sie Beispiele vor, die zeigen, dass Sie diese Fähigkeiten beherrschen. Heben Sie Ihre Leistungen hervor, die Herausforderungen, vor denen Sie standen, und wie Sie Ihre Fähigkeiten eingesetzt haben, um diese zu bewältigen.

5. Verwenden Sie messbare Ergebnisse: Wenn Sie die Ergebnisse Ihrer Maßnahmen beschreiben, verwenden Sie nach Möglichkeit quantifizierbare Daten. Erwähnen Sie z. B. Verkaufszahlen, Kosteneinsparungen, Leistungsverbesserungen oder Kundenzufriedenheitsraten. Messbare Ergebnisse stärken

Ihre Glaubwürdigkeit und zeigen die Wirkung Ihrer Maßnahmen.

6. Bleiben Sie auf positive Verhaltensweisen konzentriert : Konzentrieren Sie sich bei der Beantwortung der Verhaltensfragen auf die positiven Verhaltensweisen, die Sie an den Tag gelegt haben. Heben Sie Ihre Fähigkeit hervor, Probleme zu lösen, im Team zu arbeiten, Initiative zu ergreifen und konstruktiv mit schwierigen Situationen umzugehen. Vermeiden Sie es, über negative Verhaltensweisen oder Situationen zu sprechen, in denen Sie versagt haben.

7. Üben Sie Ihre Antworten: Üben Sie Ihre Antworten auf Verhaltensfragen mithilfe der STAR-Methode. Üben Sie, Situationen zu beschreiben, Aufgaben zu identifizieren, die Sie erledigt haben, Handlungen zu erläutern, die Sie ergriffen haben, und die erzielten Ergebnisse detailliert zu beschreiben. Je mehr Sie üben, desto wohler werden Sie sich im Vorstellungsgespräch fühlen.

8. Seien Sie bereit, die gelernten Lektionen zu erklären: Wenn Sie Ihre Verhaltensbeispiele mitteilen, seien Sie bereit, die Lektionen zu erklären, die Sie aus diesen Erfahrungen gelernt haben. Sprechen Sie über die Anpassungen, die Sie vorgenommen haben, die Fähigkeiten, die Sie entwickelt haben, oder die Strategien, die Sie zur Verbesserung der Ergebnisse eingesetzt haben. Personalverantwortliche schätzen Bewerber, die in der Lage sind, über ihre Erfahrungen nachzudenken und daraus zu lernen.

Verhaltensbezogene Gespräche können eine Herausforderung sein, aber wenn Sie die Grundprinzipien verstehen und sich angemessen vorbereiten, können Sie auf die gestellten Fragen präzise und überzeugend antworten. Verwenden Sie die STAR-Methode, bereiten Sie konkrete Beispiele vor und heben Sie Ihre Kernkompetenzen hervor. Mit Übung und Selbstvertrauen können Sie verhaltensorientierte Interviews meistern und Ihren Wert für Personalverantwortliche unter Beweis stellen.

KAPITEL 9:
KÖRPERSPRACHE
ZU SEINEM VORTEIL
NUTZEN

Bei einem Vorstellungsgespräch spielt Ihre Körpersprache eine entscheidende Rolle dabei, wie Sie von den Personalverantwortlichen wahrgenommen werden. Ihre Körperhaltung, Ihre Gestik, Ihr Gesichtsausdruck und Ihr Blickkontakt können alle beeinflussen, wie Ihre Botschaft ankommt. In diesem Kapitel werden wir die Bedeutung der Körpersprache bei einem Vorstellungsgespräch erkunden und Ihnen Tipps geben, wie Sie sie zu Ihrem Vorteil einsetzen können.

1. Behalten Sie eine selbstbewusste Körperhaltung bei : Ihre Körperhaltung ist ein Schlüsselelement Ihrer Körpersprache. Behalten Sie eine aufrechte und offene Körperhaltung bei, um Ihr Selbstbewusstsein zu zeigen. Vermeiden Sie es, zusammenzusacken oder die Arme zu verschränken, da dies den Eindruck erwecken kann, dass Sie verschlossen oder unsicher sind. Eine selbstbewusste Körperhaltung vermittelt ein positives Bild und stärkt Ihre Präsenz beim Vorstellungsgespräch.

2. Stellen Sie Blickkontakt her: Der Blickkontakt ist ein wesentlicher Bestandteil der Kommunikation. Wenn Sie mit Personalvermittlern sprechen, halten Sie regelmäßig Blickkontakt, um Ihr Engagement und Interesse zu zeigen. Vermeiden Sie es, ständig wegzuschauen oder den Blick zu senken, da dies den Eindruck erwecken kann, dass Sie unsicher sind. Achten Sie darauf, den Blickkontakt nicht zu intensiv zu halten, da dies als aggressiv wahrgenommen werden kann.

3. Natürliches Lächeln: Ein warmes Lächeln kann bei einem Vorstellungsgespräch einen positiven Eindruck hinterlassen. Lächeln Sie während des gesamten Gesprächs auf natürliche und angemessene Weise, vor allem, wenn Sie sich vorstellen oder positive Informationen weitergeben. Ein Lächeln vermittelt eine positive Einstellung und Offenheit für ein Gespräch.

4. Verwenden Sie angemessene Gesten : Gesten können Ihre Kommunikation verstärken, aber es ist wichtig, sie angemessen einzusetzen. Verwenden Sie natürliche und maßvolle Gesten, um Ihre Worte zu begleiten und wichtige Punkte hervorzuheben. Vermeiden Sie übertriebene, hektische oder sich wiederholende Gesten, da diese die Personalverantwortlichen ablenken können. Seien Sie sich Ihrer Körpersprache bewusst und setzen Sie sie so ein, dass sie Ihre Aussagen unterstützt.

5. Vermeiden Sie nervöse Bewegungen: Achten Sie während des Gesprächs auf nervöse Bewegungen wie mit einem Stift zu spielen, mit den Fingern zu tippen oder mit dem Bein zu wackeln. Diese Bewegungen können den Eindruck erwecken, dass Sie ängstlich oder abgelenkt sind. Versuchen Sie, ruhig und kontrolliert zu bleiben und Ihre Bewegungen unter Kontrolle zu halten.

6. Seien Sie empfänglich für die nonverbalen Signale der Personalverantwortlichen: Neben der Beherrschung Ihrer eigenen Körpersprache sollten Sie auch auf die nonverbalen Signale der Personalverantwortlichen achten. Achten Sie auf ihre Körpersprache, um Zeichen von Interesse, Sorge oder Ablehnung zu erkennen. Passen Sie Ihre Kommunikation entsprechend an, um auf ihre Signale zu reagieren und eine bessere Verbindung herzustellen.

7. Passen Sie Ihre Körpersprache der Unternehmenskultur an: Jedes Unternehmen hat seine eigene Kultur und seine eigenen Normen für die Körpersprache. Recherchieren Sie über das Unternehmen, um seinen Kommunikationsstil zu verstehen, und passen Sie Ihre Körpersprache entsprechend an. Beispielsweise legen manche Unternehmen möglicherweise Wert auf eine lockere und informelle Körpersprache, während andere vielleicht einen formelleren Ansatz erwarten.

8. Üben Sie Ihre Körpersprache: Um die Körpersprache zu Ihrem Vorteil zu nutzen, üben Sie vor einem Spiegel oder mit einem Freund. Beobachten Sie Ihre Mimik, Gestik und Körperhaltung und passen Sie sie gegebenenfalls an. Führen Sie simulierte Vorstellungsgespräche, um sich daran zu gewöhnen, Ihre Körpersprache effektiv und natürlich einzusetzen.

Ihre Körpersprache kann Ihre Botschaft verstärken und bei einem Vorstellungsgespräch ein positives Bild vermitteln. Wenn Sie eine selbstbewusste Körperhaltung einnehmen, Blickkontakt herstellen, natürlich lächeln und angemessene Gesten verwenden, können Sie eine stärkere Verbindung zu den Personalverantwortlichen herstellen. Üben Sie Ihre Körpersprache und passen Sie sie an die Unternehmenskultur an, um Ihre Wirkung bei Vorstellungsgesprächen zu maximieren.

KAPITEL 10: GEHALT UND LEISTUNGEN VERHANDELN

Das Aushandeln von Gehalt und Leistungen ist ein wichtiger Schritt im Einstellungsprozess. Es ist entscheidend, Ihren Wert und Ihre Fähigkeiten hervorzuheben, um eine Vergütung und Leistungen zu erhalten, die Ihren Erwartungen entsprechen. In diesem Kapitel gehen wir auf die Bedeutung von Gehalts- und Leistungsverhandlungen ein und geben Ihnen Tipps, wie Sie eine erfolgreiche Verhandlung führen können.

1. Recherchieren Sie: Bevor Sie eine Gehaltsverhandlung beginnen, sollten Sie gründlich recherchieren, welche Gehälter und Leistungen für ähnliche Positionen in Ihrer Branche und Region angeboten werden. Ziehen Sie zuverlässige Quellen wie Jobbörsen, Gehaltsberichte und Berufsverbände zu Rate. Genaue Daten zu haben, wird Ihnen eine solide Grundlage für Ihre Verhandlungen bieten.

2. Kennen Sie Ihren Wert: Bewerten Sie Ihre Fähigkeiten, Erfahrungen und Leistungen, um Ihren Wert auf dem Arbeitsmarkt zu ermitteln. Überlegen Sie, was Sie dem Unternehmen in Form von Wissen, Fähigkeiten und Ergebnissen bringen. Je mehr Sie sich über Ihren Wert im Klaren sind,

desto besser können Sie Ihre Forderungen in den Verhandlungen begründen.

3. Legen Sie Ihre Ziele fest: Bevor Sie verhandeln, sollten Sie Ihre Ziele in Bezug auf das Gehalt und die Vergünstigungen festlegen. Legen Sie eine realistische Gehaltsspanne fest, die auf Ihrer Forschung und Ihren Fähigkeiten beruht. Ermitteln Sie auch die Vorteile, die für Sie wichtig sind, z. B. flexible Arbeitszeiten, Sozialleistungen oder Möglichkeiten zur Weiterbildung und Entwicklung. Eine klare Vorstellung von Ihren Zielen zu haben, wird Ihnen helfen, bei den Verhandlungen selbstbewusst und vorbereitet zu sein.

4. Wählen Sie den richtigen Zeitpunkt: Wählen Sie den richtigen Zeitpunkt, um die Gehaltsverhandlung zu beginnen. Idealerweise warten Sie, bis der Arbeitgeber sein Interesse an Ihnen bekundet und Ihnen ein Angebot unterbreitet hat. Dadurch haben Sie eine bessere Verhandlungsposition. Seien Sie darauf vorbereitet, in dieser Phase über Ihr Gehalt und Ihre Leistungen zu sprechen, indem Sie Ihre Qualifikationen hervorheben und stichhaltige Argumente vorbringen.

5. Bereiten Sie Ihre Argumente vor: Bereiten Sie vor der Verhandlung Ihre Argumente vor, um Ihre Gehalts- und Leistungsforderungen zu begründen. Heben Sie Ihre Fähigkeiten, Ihre Leistungen und die Vorteile, die Sie dem Unternehmen bringen werden, hervor. Verwenden Sie konkrete Beispiele, um Ihren Mehrwert zu verdeutlichen. Bereiten Sie auch Antworten auf mögliche Einwände vor, die der Arbeitgeber vorbringen könnte.

6. Beginnen Sie damit, mehr zu verlangen: Wenn Sie die Verhandlungen beginnen, sollten Sie zunächst ein Gehalt verlangen, das etwas höher ist als Ihr tatsächliches Ziel.

Das verschafft Ihnen bei den Verhandlungen Spielraum und ermöglicht es Ihnen, ein Gehalt zu erhalten, das Ihren Erwartungen näher kommt. Seien Sie selbstbewusst und tragen Sie Ihre Argumente klar und überzeugend vor.

7. Seien Sie flexibel: Lohnverhandlungen beinhalten oft ein gewisses Maß an Kompromissbereitschaft. Seien Sie bereit, flexibel zu sein und Lösungen zu finden, die sowohl für Sie als auch für den Arbeitgeber akzeptabel sind. Wenn das Unternehmen z. B. Ihr Gehalt nicht erhöhen kann, können Sie zusätzliche Leistungen aushandeln, z. B. zusätzliche Urlaubstage, berufliche Weiterbildung oder Aufstiegsmöglichkeiten.

8. Hören Sie aufmerksam zu: Hören Sie sich während der Verhandlungen die Argumente und Vorschläge des Arbeitgebers aufmerksam an. Seien Sie offen für Diskussionen und zeigen Sie Interesse an den Bedürfnissen des Unternehmens. Verstehen Sie, dass Verhandlungen ein Prozess des Austauschs und der Suche nach Lösungen sind, die für beide Seiten vorteilhaft sind.

9. Seien Sie bereit, eine Entscheidung zu treffen: Wenn Sie eine Einigung über das Gehalt und die Leistungen erreichen, sollten Sie bereit sein, eine Entscheidung zu treffen. Wägen Sie die Vor- und Nachteile des Angebots ab und berücksichtigen Sie dabei Ihre Ziele und Ihre persönliche Situation. Wenn das Angebot nicht Ihren Erwartungen entspricht, seien Sie bereit, höflich abzulehnen und nach anderen Möglichkeiten zu suchen.

Das Aushandeln von Gehalt und Leistungen ist ein wichtiger Schritt, um eine faire Vergütung festzulegen und Leistungen zu erhalten, die Ihren Erwartungen entsprechen. Recherchieren Sie gründlich, kennen Sie Ihren Wert, legen Sie Ihre Ziele fest und bereiten Sie Ihre Argumente vor. Seien Sie flexibel, hören Sie aufmerksam zu und seien Sie bereit, eine fundierte Entscheidung zu treffen. Erfolgreiche Verhandlungen können Ihnen helfen, eine Vergütung und Leistungen zu erhalten, die Ihren beruflichen Wert widerspiegeln.

KAPITEL 11: VERMEIDUNG HÄUFIGER FEHLER BEI EINEM VORSTELLUNGSGESPRÄCH

Bei einem Vorstellungsgespräch ist es ganz natürlich, dass man den Personalverantwortlichen den bestmöglichen Eindruck vermitteln möchte. Allerdings ist es wichtig, häufige Fehler zu erkennen und zu vermeiden, die Ihre Chancen auf die Stelle beeinträchtigen könnten. In diesem Kapitel gehen wir auf die häufigsten Fehler ein, die bei Vorstellungsgesprächen gemacht werden, und geben Ihnen Tipps, wie Sie sie vermeiden können.

1. Zu spät kommen: Einer der häufigsten Fehler ist es, zu einem Vorstellungsgespräch zu spät zu kommen. Das macht einen unorganisierten und respektlosen Eindruck gegenüber den Personalverantwortlichen. Achten Sie darauf, Ihre Anreise im Voraus zu planen, mögliche Verspätungen zu berücksichtigen und früh genug anzukommen, um sich einzurichten und

vorzubereiten.

2. Mangelnde Vorbereitung: Sich nicht ausreichend auf ein Vorstellungsgespräch vorzubereiten, ist ein großer Fehler. Recherchieren Sie gründlich über das Unternehmen, die Stelle und die Personen, mit denen Sie sprechen werden. Bereiten Sie Antworten auf häufig gestellte Fragen vor und bereiten Sie konkrete Beispiele für Ihre Fähigkeiten und Leistungen vor. Wenn Sie gut vorbereitet sind, können Sie überzeugender antworten und Ihr Interesse an der Stelle zeigen.

3. Mangelndes Selbstvertrauen: Mangelndes Selbstvertrauen kann sich durch eine zögerliche Körpersprache, einen leisen Tonfall oder vage Antworten bemerkbar machen. Es ist wichtig, dass Sie an Ihre Fähigkeiten und Ihren Wert glauben. Üben Sie Ihre Antworten im Voraus, wenden Sie Entspannungstechniken an, um Ihre Nerven zu beruhigen, und erinnern Sie sich an Ihre bisherigen Leistungen. Eine selbstbewusste Haltung wird Ihr Image bei den Personalverantwortlichen stärken.

4. Unangemessene Antworten: Es ist entscheidend, dass Sie auf die im Vorstellungsgespräch gestellten Fragen angemessen antworten. Vermeiden Sie zu lange oder zu kurze Antworten, bleiben Sie auf die gestellte Frage konzentriert und antworten Sie klar und prägnant. Hören Sie sich die Fragen aufmerksam an und nehmen Sie sich vor der Antwort Zeit zum Nachdenken. Achten Sie während der Antwort auf Ihre Körpersprache und zeigen Sie Engagement und Interesse.

5. Keine eigenen Fragen stellen: Am Ende des Vorstellungsgesprächs geben Ihnen die Personalverantwortlichen normalerweise die Gelegenheit, Ihre eigenen Fragen zu stellen. Wenn Sie keine Fragen stellen, kann dies den Eindruck erwecken, dass Sie nicht an der Stelle oder dem Unternehmen

interessiert sind. Bereiten Sie eine Liste mit relevanten Fragen zum Unternehmen, zur Stelle, zur Unternehmenskultur oder zu Entwicklungsmöglichkeiten vor. Dies wird Ihr Interesse und Ihr Engagement für das Unternehmen zeigen.

6. Kritik an früheren Arbeitgebern: Vermeiden Sie es, Ihre früheren Arbeitgeber während des Vorstellungsgesprächs zu kritisieren, auch wenn Sie negative Erfahrungen gemacht haben. Bleiben Sie professionell und konzentrieren Sie sich auf die Lektionen, die Sie gelernt haben, und die Fähigkeiten, die Sie aufgrund dieser Erfahrungen erworben haben. Personalverantwortliche schätzen Bewerber, die mit schwierigen Situationen konstruktiv und positiv umgehen können.

7. Mangelnde Nachbereitung: Nach dem Vorstellungsgespräch ist es wichtig, dass Sie mit den Personalverantwortlichen nachfassen, um sich zu bedanken und Ihr Interesse an der Stelle zu bekräftigen. Wenn Sie es versäumen, nachzufassen, kann dies den Eindruck erwecken, dass Sie nicht ausreichend motiviert oder interessiert sind. Senden Sie innerhalb von 24 bis 48 Stunden nach dem Vorstellungsgespräch eine Dankes-E-Mail, um den guten Eindruck aufrechtzuerhalten.

8. Nicht authentisch sein: Es ist wichtig, im Vorstellungsgespräch Sie selbst zu sein. Der Versuch, jemand anderes zu sein oder künstlich zu antworten, kann von Personalverantwortlichen leicht erkannt werden. Seien Sie in Ihren Antworten ehrlich, transparent und authentisch. Zeigen Sie Ihre wahre Persönlichkeit und bleiben Sie dabei professionell.

Wenn Sie diese häufigen Fehler bei einem Vorstellungsgespräch vermeiden, kann das Ihre Erfolgschancen verbessern. Achten Sie darauf, pünktlich zu erscheinen, bereiten Sie sich entsprechend vor und demonstrieren Sie Selbstvertrauen. Antworten Sie angemessen, stellen Sie relevante Fragen und vermeiden Sie negative Kritik. Führen Sie nach dem Gespräch ein Follow-up durch und seien Sie authentisch. Wenn Sie diese Fehler vermeiden, können Sie sich von Ihrer besten Seite präsentieren und sich von anderen Bewerbern abheben.

KAPITEL 12: SICH VON ANDEREN BEWERBERN ABHEBEN

Auf einem wettbewerbsorientierten Arbeitsmarkt kann es bei einem Auswahlverfahren den Unterschied machen, sich von anderen Bewerbern abzuheben. Personalverantwortliche suchen nach Bewerbern, die aus der Masse herausstechen, einen Mehrwert bieten und ihre Motivation und ihr Engagement unter Beweis stellen. In diesem Kapitel werden wir verschiedene Strategien erkunden, mit denen Sie sich von anderen Bewerbern abheben und Ihre Erfolgschancen erhöhen können.

1. Machen Sie einen unvergesslichen ersten Eindruck: Der erste Eindruck, den Sie bei Personalverantwortlichen hinterlassen, ist entscheidend. Seien Sie vom ersten Kontakt an professionell, höflich und gut vorbereitet. Kleiden Sie sich angemessen, pflegen Sie eine selbstbewusste Körpersprache und verhalten Sie sich gegenüber allen Mitgliedern des Personalvermittlungsteams höflich. Ein positiver erster Eindruck wird Sie sofort von anderen Bewerbern abheben.

2. Personalisieren Sie Ihre Bewerbung: Schicken Sie nicht einfach nur eine allgemeine Bewerbung. Gestalten Sie Ihren Lebenslauf, Ihr Anschreiben und alle anderen Unterlagen individuell, um zu

zeigen, dass Sie sich die Zeit genommen haben, das Unternehmen und die Stelle zu verstehen. Heben Sie Ihre relevanten Fähigkeiten und Leistungen hervor, die den Anforderungen des Unternehmens entsprechen. Eine personalisierte Bewerbung zeigt Ihr echtes Interesse und Ihre Investition in die Chance.

3. Heben Sie Ihre Leistungen hervor: Wenn Sie Ihre bisherigen Erfahrungen beschreiben, sollten Sie Ihre Leistungen und Ergebnisse hervorheben. Personalverantwortliche sind daran interessiert, was Sie erreicht haben und wie Sie zu ihrem Unternehmen beitragen können. Verwenden Sie Zahlen, Statistiken oder konkrete Beispiele, um Ihre Erfolge zu veranschaulichen. Dies wird dazu beitragen, dass Sie sich von anderen Bewerbern abheben.

4. Zeigen Sie Ihre Motivation: Personalverantwortliche suchen nach motivierten und leidenschaftlichen Bewerbern. Bringen Sie im Vorstellungsgespräch Ihr Interesse an dem Unternehmen, der Stelle und der Branche zum Ausdruck. Sprechen Sie darüber, warum Sie sich von dieser speziellen Möglichkeit angezogen fühlen und wie Sie dazu beitragen können, die Ziele des Unternehmens zu erreichen. Eine echte Motivation kann Sie von anderen Bewerbern abheben, die möglicherweise weniger engagiert wirken.

5. Heben Sie Ihre einzigartigen Fähigkeiten hervor: Identifizieren Sie Ihre einzigartigen und unterscheidenden Fähigkeiten und heben Sie diese im Vorstellungsgespräch hervor. Ob es sich um eine besondere technische Fähigkeit, internationale Erfahrung oder Führungstalente handelt, sorgen Sie dafür, dass die Personalverantwortlichen erkennen, was Sie von anderen Bewerbern unterscheidet. Heben Sie hervor, wie diese Fähigkeiten dem Unternehmen einen Mehrwert bringen können.

6. Seien Sie bereit, innovative Ideen zu teilen: Bereiten Sie während des Vorstellungsgesprächs innovative Ideen vor, die für das Unternehmen relevant sind. Zeigen Sie, dass Sie sich die Zeit genommen haben, sich mit den Herausforderungen, vor denen das Unternehmen steht, vertraut zu machen, und schlagen Sie kreative Lösungen vor. Dies wird Ihr strategisches Denken und Ihre Fähigkeit, neue Perspektiven einzubringen, unter Beweis stellen.

7. Erweitern Sie Ihr berufliches Netzwerk: Investieren Sie in den Ausbau Ihres beruflichen Netzwerks. Nehmen Sie an Veranstaltungen, Konferenzen oder Webinaren teil, die sich auf Ihr Fachgebiet beziehen. Verbinden Sie sich mit einflussreichen Fachleuten aus Ihrer Branche und pflegen Sie starke berufliche Beziehungen. Ein großes Netzwerk kann Ihnen Zugang zu einzigartigen Möglichkeiten verschaffen und Ihnen helfen, sich von anderen Bewerbern abzuheben.

8. Weiterlernen und sich weiterentwickeln: Zeigen Sie Ihre Bereitschaft, kontinuierlich zu lernen und sich weiterzuentwickeln. Erwähnen Sie Schulungen, Zertifizierungen oder Lerninitiativen, die Sie unternommen haben, um Ihre Kompetenzen zu erweitern. Personalverantwortliche schätzen Bewerber, die bereit sind, sich zu verbessern und in ihrem Bereich auf dem neuesten Stand zu bleiben.

9. Seien Sie authentisch: Schließlich sollten Sie Sie selbst sein. Zeigen Sie Ihre wahre Persönlichkeit und lassen Sie Ihre Werte und Ihre Arbeitsmoral durchscheinen. Personalverantwortliche versuchen, eine Verbindung zu den Bewerbern aufzubauen und diejenigen zu finden, die zur Unternehmenskultur passen. Seien Sie authentisch und lassen Sie Ihre Persönlichkeit strahlen.

Wenn Sie diese Strategien in die Praxis umsetzen, können Sie sich von anderen Bewerbern abheben und die Aufmerksamkeit der Personalverantwortlichen auf sich ziehen. Machen Sie einen unvergesslichen ersten Eindruck, gestalten Sie Ihre Bewerbung individuell, heben Sie Ihre Leistungen und Ihre Motivation hervor und zeigen Sie Ihre einzigartigen Fähigkeiten. Lernen Sie weiter, bauen Sie Ihr berufliches Netzwerk aus und bleiben Sie während des gesamten Auswahlprozesses authentisch. Indem Sie sich von anderen Bewerbern abheben, erhöhen Sie Ihre Chancen, erfolgreich zu sein und die gewünschte Stelle zu bekommen.

KAPITEL 13: SOZIALE NETZWERKE FÜR DIE STELLENSUCHE NUTZEN

In der heutigen Welt spielen soziale Netzwerke eine immer wichtigere Rolle bei der Arbeitssuche. Plattformen wie LinkedIn, Twitter und Facebook bieten einzigartige Möglichkeiten, sich mit Fachleuten zu vernetzen, nach Stellenangeboten zu suchen und die persönliche Marke zu fördern. In diesem Kapitel erkunden wir, wie Sie soziale Netzwerke effektiv nutzen können, um Ihre Jobsuche zu optimieren.

1. Erstellen Sie ein professionelles Profil: Der erste Schritt, um soziale Netzwerke bei der Jobsuche zu nutzen, ist die Erstellung eines soliden professionellen Profils. Aktualisieren Sie auf LinkedIn Ihr Profil mit einer fesselnden Zusammenfassung, einem professionellen Foto und einer vollständigen Liste Ihrer Fähigkeiten, Erfahrungen und Erfolge. Achten Sie auch darauf, dass Ihre anderen Profile in sozialen Netzwerken ein professionelles und angemessenes Bild widerspiegeln.

2. Bauen Sie Ihr Netzwerk auf: Soziale Netzwerke bieten

eine einzigartige Möglichkeit, sich mit Fachleuten in Ihrem Bereich zu vernetzen. Suchen Sie nach einflussreichen Personen, Personalvermittlern oder Fachleuten, die in den Unternehmen arbeiten, die Sie interessieren. Schicken Sie ihnen eine persönliche Verbindungsanfrage, in der Sie Ihr gemeinsames Interesse und Ihren Wunsch, mehr zu erfahren, erläutern. Wenn Sie Ihr Netzwerk ausbauen, erhalten Sie Zugang zu neuen Möglichkeiten und profitieren von Ratschlägen und Empfehlungen.

3. Teilen Sie relevante Inhalte: Nutzen Sie soziale Netzwerke, um relevante Inhalte zu teilen, die sich auf Ihr Fachgebiet beziehen. Veröffentlichen Sie Artikel, Videos oder Links zu interessanten Ressourcen. Teilen Sie Ihre Gedanken und Ideen zu relevanten Themen. Dies wird Ihr Fachwissen und Ihr Interesse an Ihrem Fachgebiet demonstrieren und so die Aufmerksamkeit von Personalvermittlern und potenziellen Arbeitgebern auf sich ziehen.

4. Suchen Sie nach Stellenangeboten: Soziale Netzwerke sind voll von Jobangeboten. Verfolgen Sie Unternehmensseiten, Berufsgruppen und Accounts, die sich mit Jobs beschäftigen. Achten Sie auf Veröffentlichungen von Stellenangeboten und nutzen Sie die Suchfunktionen, um nach Möglichkeiten zu suchen, die Ihren Fähigkeiten und Interessen entsprechen. Zögern Sie nicht, sich online zu bewerben oder direkt mit Personalvermittlern Kontakt aufzunehmen.

5. Interagieren Sie mit potenziellen Arbeitgebern : Soziale Netzwerke bieten die Möglichkeit, direkt mit potenziellen Arbeitgebern zu interagieren. Kommentieren Sie die Beiträge von Unternehmen, die Sie interessieren, stellen Sie Fragen oder beteiligen Sie sich an relevanten Diskussionen. Zeigen Sie Ihr Interesse und Ihr Engagement für das Unternehmen. Diese Interaktion kann Ihnen helfen, auf sich aufmerksam zu

machen und Beziehungen zu wichtigen Entscheidungsträgern aufzubauen.

6. Pflegen Sie Ihre E-Reputation: Wenn Sie soziale Netzwerke bei der Jobsuche nutzen, ist es wichtig, dass Sie Ihre E-Reputation pflegen. Achten Sie darauf, dass Ihre Postings, Kommentare und Interaktionen ein professionelles und positives Bild widerspiegeln. Vermeiden Sie kontroverse oder unangemessene Postings, die Ihrer Bewerbung schaden könnten. Personalverantwortliche können Ihr Profil online einsehen, achten Sie also darauf, dass das, was sie finden, Ihr professionelles Image stärkt.

7. Nutzen Sie die spezifischen Funktionen der einzelnen sozialen Netzwerke: Jedes soziale Netzwerk bietet spezifische Funktionen, die Sie nutzen können, um Ihre Jobsuche zu optimieren. Auf LinkedIn können Sie z. B. nach Empfehlungen fragen, Berufsgruppen beitreten oder die Jobsuchmaschine nutzen. Erkunden Sie diese Funktionen und nutzen Sie sie, um Ihre Erfolgschancen zu maximieren.

8. Bleiben Sie aktiv und engagieren Sie sich : Um die sozialen Netzwerke bei der Jobsuche voll auszunutzen, sollten Sie regelmäßig aktiv bleiben und sich engagieren. Teilen Sie Updates, kommentieren Sie die Beiträge anderer und antworten Sie auf Nachrichten. Je aktiver und engagierter Sie sind, desto besser werden Sie von Personalvermittlern und potenziellen Arbeitgebern wahrgenommen.

Wenn Sie soziale Netzwerke effektiv nutzen, können Sie Ihr berufliches Netzwerk erweitern, nach Stellenangeboten suchen, Ihr Fachwissen weitergeben und mit potenziellen Arbeitgebern interagieren. Erstellen Sie ein starkes berufliches Profil, teilen Sie relevante Inhalte, suchen Sie nach Stellenangeboten und interagieren Sie aktiv mit Fachleuten in Ihrem Bereich. Wenn Sie soziale Netzwerke strategisch nutzen, können Sie Ihre Chancen auf Stellenangebote erhöhen und sich von anderen Bewerbern abheben.

KAPITEL 14: NACH DEM GESPRÄCH BERUFLICH NACHFASSEN

Nach einem Vorstellungsgespräch ist eine professionelle Nachbereitung unerlässlich, um Ihre Bewerbung zu stärken und eine gute Beziehung zu den Personalverantwortlichen aufrechtzuerhalten. Professionelles Follow-up zeigt Ihr Interesse und Engagement für die Stelle und hilft Ihnen gleichzeitig, in den Köpfen der Personalverantwortlichen präsent zu bleiben. In diesem Kapitel werden wir die Bedeutung des professionellen Follow-up erkunden und Ihnen Tipps geben, wie Sie es effektiv durchführen können.

1. Senden Sie eine Dankes-E-Mail : Schicken Sie innerhalb von 24 bis 48 Stunden nach dem Gespräch eine Dankes-E-Mail an die Personen, mit denen Sie sich ausgetauscht haben. Sprechen Sie jede Person einzeln an und bedanken Sie sich für die Zeit, die sie sich für Sie genommen haben. Erwähnen Sie bestimmte Punkte aus dem Gespräch, die Sie besonders interessiert oder beeindruckt haben. Zeigen Sie Ihre Begeisterung für die Stelle und Ihr Interesse an der Fortsetzung des Auswahlverfahrens.

2. Seien Sie kurz und professionell: Beim Verfassen Ihrer Dankes-E-Mail sollten Sie sich kurz und professionell ausdrücken. Vermeiden Sie zu lange oder zu informelle Nachrichten. Lesen Sie die E-Mail unbedingt noch einmal durch und korrigieren Sie Rechtschreib- oder Grammatikfehler, bevor Sie sie abschicken. Verwenden Sie einen höflichen und respektvollen Ton, während Sie in Ihrer Dankesbekundung authentisch bleiben.

3. Erinnerung an die Highlights des Gesprächs: Nutzen Sie die Dankes-E-Mail, um kurz an einige Highlights des Gesprächs zu erinnern. Erwähnen Sie bestimmte Fähigkeiten, Erfahrungen oder Leistungen, die besprochen wurden. Dies stärkt Ihre Bewerbung und zeigt, dass Sie sich die wichtigsten Informationen aus dem Gespräch gemerkt haben.

4. Passen Sie Ihre Nachricht an jede Person an: Wenn Sie sich mit mehreren Personen ausgetauscht haben, passen Sie Ihre Nachricht an jede Person an. Beziehen Sie sich auf bestimmte Diskussionspunkte, die Sie mit jeder Person besprochen haben. Dies zeigt Ihre Liebe zum Detail und Ihre persönliche Wertschätzung gegenüber jedem Mitglied des Rekrutierungsteams.

5. Bleiben Sie in sozialen Netzwerken professionell: Bleiben Sie auch nach dem Vorstellungsgespräch in sozialen Netzwerken professionell. Vermeiden Sie unangemessene oder kontroverse Postings, die Ihr professionelles Image gefährden könnten. Personalverantwortliche können sich Ihr Online-Profil ansehen, achten Sie also darauf, dass das, was sie finden, Ihre Bewerbung stärkt und ein positives Bild von Ihnen vermittelt.

6. Halten Sie sich an die vereinbarten Fristen: Wenn die Personalverantwortlichen Ihnen eine Einschätzung gegeben

haben, wann sie eine Entscheidung treffen werden, halten Sie sich an die vereinbarten Fristen. Schicken Sie keine wiederholten E-Mails oder übermäßigen Nachfassaktionen. Halten Sie sich an den Auswahlprozess und warten Sie geduldig auf ihre Antwort.

7. Angemessen nachhaken: Wenn einige Zeit vergeht, ohne dass Sie eine Antwort erhalten, ist es in Ordnung, den Personalverantwortlichen auf angemessene Weise nachzufragen. Schicken Sie eine höfliche E-Mail und erkundigen Sie sich nach dem Stand Ihrer Bewerbung. Erinnern Sie sie kurz an Ihr Interesse an der Stelle und fragen Sie, ob sie weitere Informationen von Ihnen benötigen. Denken Sie daran, dass die Auswahlfristen aufgrund verschiedener Faktoren variieren können, seien Sie also geduldig und respektvoll bei Ihrem Vorgehen.

8. Bleiben Sie bei einer Absage positiv und professionell: Wenn Sie eine Absage erhalten, bleiben Sie in Ihrer Antwort positiv und professionell. Drücken Sie Ihre Dankbarkeit für die Gelegenheit aus, am Auswahlverfahren teilgenommen zu haben, und bedanken Sie sich dafür, dass Sie für die Stelle in Betracht gezogen wurden. Fragen Sie, ob Sie für mögliche zukünftige Gelegenheiten in Kontakt bleiben können. Wenn Sie auch bei einer Absage eine positive und professionelle Einstellung beibehalten, kann dies Türen für zukünftige Kontakte oder berufliche Möglichkeiten öffnen.

Die professionelle Nachbereitung nach dem Vorstellungsgespräch ist ein wichtiger Schritt, um Ihre Bewerbung zu stärken und eine gute Beziehung zu den Personalverantwortlichen aufrechtzuerhalten. Senden Sie innerhalb der angemessenen Fristen eine Dankes-E-Mail, gestalten Sie Ihre Nachricht persönlich und erinnern Sie an die Höhepunkte des Vorstellungsgesprächs. Seien Sie professionell in sozialen Netzwerken, halten Sie sich an die vereinbarten Fristen und setzen Sie bei Bedarf angemessene Nachfassaktionen. Behalten Sie auch bei einer Absage eine positive und professionelle Einstellung bei. Eine professionelle Nachbereitung zeugt von Ihrer Professionalität und Ihrem Interesse an der Stelle, was Sie von anderen Bewerbern abheben und Ihnen Türen für zukünftige Möglichkeiten öffnen kann.

KAPITEL 15: ERFOLGREICHE TELEFON- UND ONLINE-INTERVIEWS

Mit der Entwicklung der Technologie und den neuen Realitäten in der Arbeitswelt sind Telefon- und Online-Interviews zu gängigen Schritten im Auswahlprozess geworden. Diese Arten von Interviews bieten Flexibilität sowohl für Personalverantwortliche als auch für Bewerber, bringen aber auch besondere Herausforderungen mit sich. In diesem Kapitel werden wir Strategien und Best Practices für erfolgreiche Telefon- und Online-Interviews erkunden.

1. Bereiten Sie sich wie auf ein persönliches Vorstellungsgespräch vor: Auch wenn das Vorstellungsgespräch aus der Ferne stattfindet, ist es wichtig, dass Sie sich wie auf ein persönliches Vorstellungsgespräch vorbereiten. Informieren Sie sich über das Unternehmen und die Stelle, bereiten Sie Antworten auf häufig gestellte Fragen vor und üben Sie Ihre Präsentation. Sorgen Sie außerdem für eine stabile Internetverbindung, eine ruhige Umgebung und die richtige Ausrüstung wie Kopfhörer und eine funktionierende Webcam.

2. Testen Sie Ihre Ausrüstung : Testen Sie vor dem Gespräch Ihre Ausrüstung, um sicherzustellen, dass sie richtig funktioniert. Überprüfen Sie die Audio- und Videoqualität Ihres Mikrofons, Ihrer Lautsprecher und Ihrer Webcam. Stellen Sie außerdem sicher, dass Sie die neueste Version der Software haben, die Sie für das Online-Interview benötigen, sei es Zoom, Skype oder ähnliche Plattformen. Wenn Sie diese Tests vorab durchführen, vermeiden Sie technische Probleme während des Interviews.

3. Schaffen Sie eine förderliche Umgebung: Wählen Sie einen ruhigen, gut beleuchteten Ort für Ihr Gespräch. Eliminieren Sie potenzielle Ablenkungen wie Hintergrundgeräusche oder unerwartete Unterbrechungen. Planen Sie einen sauberen und professionellen Raum im Hintergrund. Sorgen Sie außerdem für eine zuverlässige Internetverbindung, um Unterbrechungen während des Vorstellungsgesprächs zu vermeiden.

4. Kleiden Sie sich professionell: Auch wenn Sie zu Hause sind, sollten Sie sich für das Vorstellungsgespräch professionell kleiden. Wählen Sie Kleidung, die dem Unternehmen und der Stelle angemessen ist, so als würden Sie persönlich zu einem Vorstellungsgespräch gehen. Das hilft Ihnen, sich in die richtige Stimmung zu versetzen und Ihr Engagement für das Vorstellungsgespräch zu zeigen.

5. Achten Sie auf Ihre Körpersprache: Auch wenn die Personalverantwortlichen Sie bei einem Telefon- oder Online-Interview nur teilweise sehen, spielt Ihre Körpersprache immer eine wichtige Rolle. Setzen Sie sich aufrecht hin, halten Sie Blickkontakt mit der Kamera und zeigen Sie Engagement und Begeisterung in Ihrer Stimme. Lächeln Sie und verwenden Sie angemessene Gesten, um Ihre Botschaft zu verstärken. Ihre Körpersprache vermittelt den Personalverantwortlichen ein

professionelles und positives Bild.

6. Sprechen Sie deutlich und hören Sie aufmerksam zu : Sprechen Sie während des Vorstellungsgesprächs deutlich und vermeiden Sie es, zu schnell zu sprechen. Seien Sie sich Ihrer Stimme und Ihrer Diktion bewusst. Hören Sie den Fragen der Personalverantwortlichen aufmerksam zu und nehmen Sie sich Zeit zum Nachdenken, bevor Sie antworten. Seien Sie bei Online-Interaktionen geduldig und höflich.

7. Verwenden Sie Erinnerungsnotizen: Einer der Vorteile von Telefon- und Online-Interviews ist, dass Sie Erinnerungsnotizen verwenden können. Bereiten Sie Schlüsselpunkte, Beispiele oder Fragen vor, die Sie ansprechen möchten, und halten Sie sie griffbereit. Achten Sie jedoch darauf, dass Sie sich nicht zu stark auf Ihre Notizen stützen und so oft wie möglich Augenkontakt mit den Personalverantwortlichen halten.

8. Befolgen Sie dieselben professionellen Nachbereitungsregeln: Senden Sie nach dem Telefon- oder Online-Interview eine Dankes-E-Mail, um Ihre Dankbarkeit auszudrücken und Ihr Interesse an der Stelle zu bekräftigen. Befolgen Sie die gleichen professionellen Follow-up-Regeln wie bei einem persönlichen Vorstellungsgespräch.

Telefon- und Online-Interviews bringen einzigartige Herausforderungen mit sich, aber wenn Sie sich richtig vorbereiten und die besten Praktiken befolgen, können Sie sie erfolgreich absolvieren. Bereiten Sie sich wie auf ein persönliches Vorstellungsgespräch vor, testen Sie Ihre Ausrüstung, schaffen Sie eine förderliche Umgebung und kleiden Sie sich professionell. Achten Sie auf Ihre Körpersprache, sprechen Sie deutlich und hören Sie aufmerksam zu. Setzen Sie Erinnerungsnotizen sinnvoll ein und halten Sie sich an die gleichen Regeln für die berufliche Nachbereitung. Wenn Sie diese Tipps befolgen, sind Sie gut gerüstet, um Telefon- und Online-Interviews erfolgreich zu bestehen und sich von anderen Bewerbern abzuheben.

FAZIT: ERFOLGREICH SEIN BEI EINEM VORSTELLUNGSGESPRÄCH

In diesem Buch haben wir die verschiedenen Schritte und Schlüsselaspekte für ein erfolgreiches Vorstellungsgespräch ausführlich erforscht. Wir sind auf die Vorbereitung eingegangen, auf die Bedeutung der vorherigen Recherche über das Unternehmen und die Stelle, darauf, wie man seine Fähigkeiten und Erfahrungen hervorhebt, und auf Techniken, mit denen man sich von anderen Bewerbern abheben kann.

Wir haben auch die Bedeutung von Selbstvertrauen, effektiver Kommunikation, Stress- und Angstbewältigung sowie die Nutzung sozialer Netzwerke und Online-Interviews besprochen. All diese Schritte sind entscheidend, um die Erfolgschancen bei einem Vorstellungsgespräch zu maximieren.

Es ist entscheidend zu verstehen, dass jedes Vorstellungsgespräch eine Gelegenheit ist, sich authentisch und professionell zu präsentieren. Jede Interaktion mit den Personalverantwortlichen ist eine Gelegenheit, seinen Wert, sein Fachwissen und seine Motivation für die Stelle zu zeigen. Jede gestellte Frage ist eine Gelegenheit, seine Fähigkeit zur Problemlösung, zur Teamarbeit und zur Anpassung an berufliche Situationen zu demonstrieren.

Vorbereitung ist der Schlüssel zum Erfolg bei einem Vorstellungsgespräch. Wer Zeit und Mühe in die vorherige Recherche, die Vorbereitung der Antworten auf häufig gestellte Fragen und das Erkennen und Hervorheben seiner Stärken investiert, hat die besten Chancen auf Erfolg.

Es ist jedoch wichtig, sich daran zu erinnern, dass es trotz sorgfältiger Vorbereitung Momente geben kann, in denen man sich weniger sicher fühlt oder eine falsche Antwort gibt. In solchen Situationen ist es wichtig, ruhig zu bleiben, sich neu zu konzentrieren und weiterhin sein Bestes zu geben. Personalverantwortliche schätzen Authentizität und die Fähigkeit, Herausforderungen professionell zu begegnen.

Nach dem Vorstellungsgespräch ist es wichtig, professionell nachzuhaken, sei es durch eine Dankes-E-Mail oder durch angemessene Nachfassaktionen. Dies zeigt Ihr Engagement und Ihr Interesse an der Stelle und erhält die gute Beziehung zu den Personalverantwortlichen.

Zusammenfassend lässt sich sagen, dass ein erfolgreiches Vorstellungsgespräch eine Kombination aus Vorbereitung, Selbstvertrauen, Kommunikationsfähigkeiten und Anpassungsfähigkeit erfordert. Es handelt sich um einen Prozess, der sich ständig weiterentwickelt und neue Technologien und Realitäten in der Arbeitswelt berücksichtigt.

Dieses Buch soll Ihnen die Werkzeuge und das Wissen vermitteln, die Sie brauchen, um selbstbewusst und erfolgreich in ein Vorstellungsgespräch zu gehen. Denken Sie daran, dass jede Erfahrung eine Gelegenheit zum Lernen und zum beruflichen

Wachstum ist.

Wir ermutigen Sie, sich während Ihres gesamten beruflichen Werdegangs weiter vorzubereiten, Ihre Fähigkeiten auszubauen und eine positive Einstellung zu bewahren. Mit der richtigen Vorbereitung, einem gefestigten Selbstvertrauen und dem Willen, sich zu verbessern, werden Sie in der Lage sein, Vorstellungsgespräche erfolgreich zu meistern und Ihren beruflichen Zielen näher zu kommen.

Wir wünschen Ihnen alles Gute für Ihre zukünftigen beruflichen Möglichkeiten und hoffen, dass Ihnen dieses Buch auf Ihrem Weg zum erfolgreichen Vorstellungsgespräch hilfreich war.

Viel Glück!